Emerson Calejon
emersoncalejon@live.com

Resumo

A crítica na totalidade tem dois lados. Ela possibilita demonstrar a carência de aprimoramento em quem é criticado. E também revela a personalidade de quem está ao seu lado. Portanto, eu te digo, meu amigo, fique bem e fique tranquilo se, às vezes, for criticado; herdaste o céu enquanto quem te aponta é o atrasado.

GUME DE DOIS LADOS

Sobre a crítica entre outras coisas

Gume de dois Lados

Emerson Calejon

Published by Emerson Calejon, Sr, 2024.

While every precaution has been taken in the preparation of this book, the publisher assumes no responsibility for errors or omissions, or for damages resulting from the use of the information contained herein.

GUME DE DOIS LADOS

First edition. May 21, 2024.

Copyright © 2024 Emerson Calejon.

ISBN: 979-8223657408

Written by Emerson Calejon.

Also by Emerson Calejon

A jornada de Allan Karras
A Serenidade Interior
Do outro lado das Estrelas
John River: O último desafio
Luzes e Ensinos do Plano Astral
Mensagens que Auxiliam
O Caminho
Paixões na Madrugada
Palavras que Confortam
Palavras que Libertam
Reflexões de uma Jornada
Além das Estrelas
O Declínio da Coragem
Uma História de Vida
A Gota de Chuva
O Homem frente ao Ego
O Menino e o Maestro
Perguntas e Respostas sobre a vida Espiritual
Aprendendo com a Vida
Gume de dois Lados

Resumo

A crítica como um todo tem dois lados. Ela possibilita demonstrar a carência de aprimoramento em quem é criticado. E também revela a personalidade de quem está ao seu lado. Portanto, eu te digo, meu amigo, fique bem e fique tranquilo se, às vezes, for criticado; herdaste o céu enquanto quem te aponta é o atrasado. Existe um bem maior escondido em relações que não nos beneficiam. Uma vez ocorreu que não estávamos satisfeitos há muito tempo, mas não conseguimos perceber. Muitas alegrias passariam despercebidas por nós, se não fosse por experiências incompreensíveis, que nos levam a procurar o caminho para superá-las. Recupere todas as coisas que te prejudicam e verá quantas vantagens terá ao longo da jornada em direção ao seu progresso. Quando alcançamos um nível de certezas mais elevado.

Não daremos mais importância àquilo que não tinha em nossa existência. Quando criticamos alguém, estamos recorrendo a conceitos egoístas que obscurecem nossa consciência e nos impedem de perceber o quanto estamos atrasados na vida. Quando finalmente compreendermos que a vida é passada, valorizaremos cada minuto e melhor aproveitaremos o nosso tempo com atividades mais relevantes.

Lembre-se de que suas ideias possuem significado e organização. Dessa forma, cada pensamento criado em nossa mente não desaparece sem deixar marcas no vazio ou no universo. Divulgar a verdade dolorosamente para todos não é realmente expressá-la; ao contrário, é distanciar-se dela. Muitas vezes é simples para alguém dizer a outra que não deve fazer determinadas ações, mas, às vezes, essa pessoa também não se esforça para melhorar seus próprios aspectos. A resposta para todas as nossas necessidades está no nosso interior. Não estou referindo-me ao egoísmo, mas à essência que transcende nossos desejos individuais. Deixe de lado tudo o que possa prejudicar sua saúde e verá quantas vantagens obterá em seu caminho rumo ao crescimento pessoal.

CAPÍTULO 1

A Natureza da Crítica

Introdução à Crítica

A crítica é uma atividade humana fundamental que desempenha um papel crucial em diversas áreas, desde a arte e a literatura até a política e os negócios. Nesta seção, exploraremos a definição de crítica e os diferentes tipos de crítica que existem.

Definição de Crítica

A crítica pode ser definida como a análise e avaliação de algo, seja uma obra de arte, um desempenho, uma ideia ou um comportamento. Ela envolve a expressão de opiniões fundamentadas, com o objetivo de identificar pontos fortes e fracos, bem como fornecer insights construtivos.

Explorando o Conceito de Crítica

Explorar o conceito de crítica nos leva a compreender que, embora muitas vezes seja associada a julgamento negativo, a crítica pode ser tanto positiva quanto negativa. Ela pode destacar aspectos positivos e oferecer sugestões para aprimoramento, contribuindo para o crescimento e desenvolvimento.

Tipos de Crítica

Existem diversos tipos de crítica, incluindo crítica artística, crítica literária, crítica cinematográfica, crítica musical, crítica social, crítica política, entre outras. Cada tipo de crítica possui suas próprias características e critérios de avaliação específicos.

História da Crítica

A prática da crítica remonta a tempos antigos e tem evoluído ao longo da história da humanidade. Nesta seção, examinaremos as origens da crítica e sua evolução ao longo do tempo.

Origens da Prática da Crítica

Desde as primeiras civilizações, como a Grécia Antiga, a crítica já era uma atividade presente na sociedade. Filósofos, artistas e pensadores exerciam a crítica como forma de avaliar e aprimorar as criações humanas.

Evolução ao Longo do Tempo

A crítica passou por transformações significativas ao longo dos séculos, refletindo as mudanças culturais, sociais e intelectuais. A Revolução Industrial, o surgimento da imprensa e a era digital são apenas alguns dos marcos que influenciaram a prática da crítica.

Propósito da Crítica

Além de compreender a definição e a história da crítica, é essencial explorar o propósito subjacente a essa atividade e sua importância na sociedade e na evolução humana.

Função da Crítica na Sociedade

A crítica desempenha um papel fundamental na sociedade, fornecendo uma ferramenta para avaliar e questionar as normas, valores e instituições. Ela pode promover mudanças, estimular o debate e contribuir para o avanço social e cultural.

Importância da Crítica na Evolução Humana

Ao longo da história, a crítica tem impulsionado a inovação, a criatividade e o progresso humano. Ela desafia o status quo, estimula a reflexão e inspira a busca por novas soluções e ideias.

Você Sabia?

Ao longo da história, a crítica tem impulsionado a inovação, a criatividade e o progresso humano. Ela desafia o status quo, estimula a reflexão e inspira a busca por novas soluções e ideias.

Psicologia da Crítica

A crítica não é apenas uma atividade intelectual, mas também possui um impacto significativo no aspecto emocional e motivacional das pessoas. Nesta seção, examinaremos as reações à crítica e as motivações por trás dela.

Reações à Crítica

A crítica pode desencadear uma variedade de reações emocionais e comportamentais nas pessoas que a recebem. É importante compreender o impacto emocional da crítica e as respostas comuns que podem surgir.

Impacto Emocional da Crítica

A crítica pode gerar sentimentos de vulnerabilidade, ansiedade, frustração e até mesmo raiva. O modo como as pessoas lidam com essas emoções pode influenciar sua capacidade de absorver e utilizar a crítica de forma construtiva.

Respostas Comuns à Crítica

Diante da crítica, as pessoas podem reagir de diferentes maneiras, desde a defensiva e negação até a reflexão e ação corretiva. Compreender essas respostas pode ajudar a lidar de forma mais eficaz com a crítica.

Motivações por Trás da Crítica

Além de compreender as reações à crítica, é importante analisar as motivações que impulsionam as pessoas a criticar. As intenções por trás da crítica e a análise das motivações podem fornecer insights valiosos sobre a natureza da crítica.

Intenções por Trás da Crítica

As pessoas podem criticar com diferentes intenções, que vão desde o desejo genuíno de ajudar e melhorar até a busca por poder, controle ou simplesmente a expressão de opiniões pessoais.

Análise das Motivações

Examinar as motivações por trás da crítica pode revelar aspectos da personalidade, das crenças e dos valores das pessoas, bem como o contexto social e cultural em que a crítica está inserida.

A Crítica Construtiva

Embora a crítica possa ser desafiadora, quando realizada de maneira construtiva, ela pode gerar benefícios significativos. Nesta seção, exploraremos os benefícios da crítica construtiva e as técnicas para aplicá-la de forma eficaz.

Benefícios da Crítica Construtiva

A crítica construtiva tem o potencial de promover a melhoria contínua e o desenvolvimento pessoal, oferecendo uma abordagem positiva e orientada para soluções.

Melhoria Contínua

Ao receber feedback construtivo, as pessoas têm a oportunidade de identificar áreas de aprimoramento e implementar mudanças positivas em seu trabalho, comportamento ou desempenho.

Desenvolvimento Pessoal

A crítica construtiva pode contribuir para o desenvolvimento pessoal, estimulando a reflexão, a autodescoberta e o aperfeiçoamento das habilidades e competências individuais.

Técnicas de Aplicar Crítica Construtiva

Para que a crítica construtiva seja eficaz, é importante adotar abordagens que promovam a compreensão mútua, a empatia e a comunicação clara e respeitosa.

Abordagens Efetivas

Abordagens como a escuta ativa, a formulação de feedback específico e a identificação de soluções colaborativas podem aprimorar a eficácia da crítica construtiva.

Comunicação Empática

Uma comunicação empática, que leve em consideração as emoções e perspectivas do receptor da crítica, pode contribuir para a aceitação e a utilização construtiva do feedback recebido.

CAPÍTULO 2

O Impacto da Crítica na Evolução Pessoal

Reconhecendo o Impacto da Crítica

Autoconhecimento e Reflexão

A crítica, quando recebida e analisada de forma consciente, pode proporcionar um profundo processo de autoconhecimento. Ao ser confrontado com críticas, é possível identificar e refletir sobre as próprias fraquezas, reconhecendo áreas que necessitam de desenvolvimento e aprimoramento.

Essa conscientização das próprias fraquezas é um passo fundamental para o crescimento pessoal, pois permite que a pessoa reconheça seus pontos de melhoria e busque maneiras de superá-los. A reflexão sobre as experiências de crítica também pode proporcionar insights valiosos sobre padrões de comportamento e atitudes que precisam ser revistos.

Impacto na Autoestima

A crítica pode exercer um impacto significativo na autoestima de um indivíduo. A forma como a pessoa enxerga a si mesma, sua autoimagem e autoconfiança, pode ser afetada pelas críticas recebidas. No entanto, é importante ressaltar que a crítica, quando bem trabalhada, pode contribuir para o desenvolvimento de resiliência emocional.

O processo de lidar com críticas, compreender seus efeitos na autoestima e buscar formas saudáveis de fortalecer a autoconfiança, pode ser um catalisador para o amadurecimento emocional e a construção de uma autoimagem mais sólida e realista.

Citações Famosas

"A crítica, quando bem trabalhada, pode contribuir para o desenvolvimento de resiliência emocional." - A Crítica: Entre outras Coisas

Aprendizado e Crescimento

Aprender com a Crítica

Uma das dimensões mais significativas do impacto da crítica na evolução pessoal é o aprendizado que pode ser extraído desse processo. Ao receber críticas de forma aberta e receptiva, é possível identificar áreas de melhoria e oportunidades de crescimento.

Identificar as áreas de melhoria a partir das críticas recebidas permite que a pessoa direcione seus esforços para o aperfeiçoamento pessoal. A adaptação e o aperfeiçoamento resultantes desse aprendizado contribuem para um desenvolvimento contínuo e uma busca constante pela excelência.

Transformação Pessoal

A crítica, quando encarada como uma oportunidade de crescimento, pode desencadear um processo profundo de transformação pessoal. A mudança de perspectiva resultante da reflexão sobre as críticas recebidas pode levar a uma reavaliação de valores e atitudes.

Essa reavaliação, por sua vez, pode impulsionar um processo de crescimento e evolução pessoal, à medida que a pessoa se empenha em superar desafios, expandir seus horizontes e se tornar a melhor versão de si mesma.

Conclusão

O impacto da crítica na evolução pessoal é multifacetado e profundo. Ao reconhecer o impacto da crítica, buscar aprender com ela e promover uma transformação pessoal, é possível colher os frutos de um processo contínuo de crescimento e amadurecimento.

CAPÍTULO 3
A Importância da Autoconsciência
Definição e Significado
Compreendendo a Autoconsciência

A autoconsciência é a capacidade de uma pessoa de se perceber, de reconhecer seus próprios pensamentos, emoções, comportamentos e características. Envolve a consciência de si mesmo, a capacidade de refletir sobre suas próprias ações e reações, e o reconhecimento das próprias emoções e estados mentais.

Consciência de Si Mesmo: A consciência de si mesmo é fundamental para a autoconsciência. Envolve a compreensão de quem somos, nossas qualidades, defeitos, valores, crenças e identidade. A consciência de si mesmo nos permite ter uma compreensão mais profunda de nossas motivações e comportamentos.

Reconhecimento das Próprias Emoções: A autoconsciência também inclui a capacidade de reconhecer e compreender nossas próprias emoções. Isso envolve identificar e nomear nossos sentimentos, entender suas origens e impacto, e desenvolver a habilidade de lidar com eles de maneira saudável.

Pense e Reflita

A Importância da Autoconsciência

Definição e Significado

Compreendendo a Autoconsciência

A autoconsciência é a capacidade de uma pessoa de se perceber, de reconhecer seus próprios pensamentos, emoções, comportamentos e características. Envolve a consciência de si mesmo, a capacidade de refletir sobre suas próprias ações e reações, e o reconhecimento das próprias emoções e estados mentais.

Consciência de Si Mesmo: A consciência de si mesmo é fundamental para a autoconsciência. Envolve a compreensão de quem somos, nossas qualidades, defeitos, valores, crenças e identidade. A consciência de si mesmo nos permite ter uma compreensão mais profunda de nossas motivações e comportamentos.

Reconhecimento das Próprias Emoções: A autoconsciência também inclui a capacidade de reconhecer e compreender nossas próprias emoções. Isso envolve identificar e nomear nossos sentimentos, entender suas origens e impacto, e desenvolver a habilidade de lidar com eles de maneira saudável.

Benefícios da Autoconsciência

Autocontrole e Autogerenciamento

A autoconsciência está intimamente ligada ao autocontrole e autogerenciamento. Quando somos conscientes de nossos pensamentos e emoções, somos capazes de regular nossas reações e comportamentos de forma mais eficaz.

Regulação Emocional: A autoconsciência nos permite reconhecer nossas emoções e regular nossas respostas emocionais. Isso significa que podemos lidar com o estresse, a raiva, a tristeza e outras emoções de maneira mais equilibrada, o que contribui para o nosso bem-estar emocional e mental.

Tomada de Decisões Conscientes: A autoconsciência também influencia nossa capacidade de tomar decisões conscientes. Ao estarmos cientes de nossos valores, objetivos e emoções, podemos tomar decisões mais alinhadas com quem somos e o que desejamos alcançar.

Desenvolvimento Pessoal

Autoconhecimento e Crescimento

A autoconsciência é essencial para o desenvolvimento pessoal e o crescimento contínuo. Quando somos conscientes de nossas próprias forças e fraquezas, somos capazes de nos conhecer melhor e buscar oportunidades de crescimento e aprimoramento.

Exploração das Próprias Forças e Fraquezas: A autoconsciência nos permite explorar e reconhecer nossas habilidades, talentos e pontos fortes, bem como identificar áreas em que precisamos melhorar. Isso nos ajuda a direcionar nossos esforços para o autodesenvolvimento de maneira mais eficaz.

Aprimoramento Contínuo: Ao estarmos conscientes de quem somos e do que precisamos, podemos nos comprometer com um processo contínuo de aprimoramento pessoal. Isso envolve a busca por novos conhecimentos, experiências e desafios que nos ajudem a crescer e evoluir.

CAPÍTULO 4

O Poder da Renúncia

Compreendendo a Renúncia

A renúncia é um conceito que envolve o ato de abrir mão de apegos e desejos, bem como a libertação de condicionamentos que limitam o indivíduo. Ao renunciar, a pessoa busca alcançar um estado de desapego e liberdade interior, que pode trazer benefícios significativos para o seu bem-estar emocional e espiritual.

Significado de Renunciar

A renúncia implica no abandono de apegos e desejos, que muitas vezes estão ligados a expectativas e padrões sociais. Ao renunciar, a pessoa busca libertar-se das amarras que a prendem a ideias preestabelecidas sobre o que é necessário para alcançar a felicidade e a realização pessoal. É um ato de coragem e autoconhecimento, que pode levar a uma transformação interior profunda.

Abandono de Apegos e Desejos

O abandono de apegos e desejos é um processo que envolve a conscientização das motivações por trás desses sentimentos. Muitas vezes, os apegos estão relacionados a uma busca por segurança e conforto, enquanto os desejos podem estar ligados a uma busca por prazer e satisfação imediata. Ao renunciar a esses sentimentos, a pessoa busca encontrar uma fonte de contentamento mais profunda e duradoura.

Libertação de Condicionamentos

A libertação de condicionamentos refere-se à quebra de padrões de pensamento e comportamento que foram internalizados ao longo da vida. Muitas vezes, esses condicionamentos são impostos pela sociedade, pela cultura ou pelo ambiente familiar, e podem limitar a liberdade de expressão e a busca por autenticidade. Ao renunciar a esses condicionamentos, a pessoa busca viver de acordo com seus próprios valores e crenças, em vez de seguir padrões pré-estabelecidos.

Leitura Adicional

O Poder da Renúncia
Compreendendo a Renúncia
Significado de Renunciar
Libertação de Condicionamentos

A libertação de condicionamentos refere-se à quebra de padrões de pensamento e comportamento que foram internalizados ao longo da vida. Muitas vezes, esses condicionamentos são impostos pela sociedade, pela cultura ou pelo ambiente familiar, e podem limitar a liberdade de expressão e a busca por autenticidade. Ao renunciar a esses condicionamentos, a pessoa busca viver de acordo com seus próprios valores e crenças, em vez de seguir padrões pré-estabelecidos.

Benefícios da Renúncia

A renúncia pode trazer uma série de benefícios para aqueles que se dedicam a esse processo de autoconhecimento e transformação interior. Ao abrir mão de apegos e desejos, a pessoa pode experimentar um estado de desapego e liberdade interior que contribui para o seu bem-estar emocional e espiritual.

Desapego e Liberdade Interior

O desapego e a liberdade interior são resultados diretos da renúncia. Ao abrir mão de apegos e desejos, a pessoa se liberta das amarras que a prendem a expectativas e padrões externos, encontrando uma fonte de contentamento que não depende de circunstâncias externas. Isso pode resultar em uma redução do sofrimento emocional e no estabelecimento de um estado de paz interior e equilíbrio.

Redução do Sofrimento

O sofrimento muitas vezes está relacionado à busca desenfreada por satisfação imediata e à incapacidade de lidar com a impermanência e a incerteza da vida. Ao renunciar a apegos e desejos, a pessoa pode encontrar uma fonte de contentamento mais estável e duradoura, reduzindo assim o sofrimento emocional e encontrando um estado de equilíbrio interior.

Paz Interior e Equilíbrio

A paz interior e o equilíbrio são resultados naturais do processo de renúncia. Ao abrir mão de condicionamentos e expectativas, a pessoa encontra um espaço de tranquilidade e serenidade interior, que a permite lidar de forma mais equilibrada com os desafios e as vicissitudes da vida. Isso contribui para uma sensação de plenitude e bem-estar que transcende as circunstâncias externas.

Renúncia e Evolução Espiritual

A renúncia é frequentemente associada ao caminho da evolução espiritual, pois envolve um processo de autoconhecimento e transformação interior que pode levar a um desenvolvimento da sabedoria e a uma conexão mais profunda com o eu superior. Ao renunciar a apegos e desejos, a pessoa busca transcender as limitações do ego e encontrar um estado de consciência mais elevado.

Caminho para o Crescimento Interior

A renúncia é um caminho para o crescimento interior, pois envolve a quebra de padrões limitadores e a busca por uma compreensão mais profunda da natureza humana e do universo. Ao renunciar, a pessoa se abre para novas possibilidades de ser e viver, encontrando um estado de liberdade e plenitude que contribui para o seu desenvolvimento espiritual e emocional.

Desenvolvimento da Sabedoria

O desenvolvimento da sabedoria é um dos frutos da renúncia, pois envolve uma compreensão mais profunda da natureza da existência e do propósito da vida. Ao renunciar a apegos e desejos, a pessoa se abre para uma visão mais ampla e inclusiva da realidade, encontrando um estado de clareza mental e discernimento que contribui para a sua evolução espiritual.

Conexão com o Eu Superior

A conexão com o eu superior é um dos objetivos da renúncia, pois envolve a transcendência das limitações do ego e a busca por uma identidade mais profunda e autêntica. Ao renunciar, a pessoa se abre para uma conexão mais íntima com a sua essência espiritual, encontrando um estado de plenitude e harmonia que contribui para a sua realização pessoal e espiritual.

CAPÍTULO 5

A Valorização do Tempo

Entendendo a Importância do Tempo

O tempo é um recurso precioso e limitado, que uma vez passado, não pode ser recuperado. A percepção do tempo como um recurso limitado é essencial para valorizá-lo adequadamente. Muitas vezes, as pessoas subestimam a importância do tempo, desperdiçando-o em atividades que não contribuem para seu crescimento pessoal ou para a realização de seus objetivos. A reflexão sobre a finitude do tempo pode levar a uma mudança de atitude em relação a como o tempo é utilizado no dia a dia.

A percepção do tempo como um recurso limitado pode ser um catalisador para a ação, motivando as pessoas a priorizarem suas atividades e a dedicarem tempo às coisas que realmente importam. Quando se reconhece a escassez do tempo, torna-se mais fácil tomar decisões conscientes sobre como investi-lo, levando em consideração as consequências de cada escolha.

Percepção do Tempo como Recurso Limitado

A percepção do tempo como um recurso limitado é fundamental para a valorização do mesmo. Quando se compreende que o tempo é finito, torna-se evidente a importância de utilizá-lo de forma consciente e produtiva. A consciência da finitude do tempo pode gerar um senso de urgência saudável, incentivando as pessoas a agirem de forma mais eficiente e a priorizarem suas atividades de acordo com seus objetivos e valores.

Além disso, a percepção do tempo como um recurso limitado pode levar a uma maior apreciação das experiências vividas. Quando se reconhece que o tempo é precioso, as pessoas tendem a valorizar mais os momentos significativos e a buscar experiências que tragam realização e felicidade, em vez de desperdiçar tempo em atividades sem propósito.

Reflexão sobre Prioridades

A reflexão sobre prioridades é essencial para a valorização do tempo. Muitas vezes, as pessoas se veem envolvidas em uma série de atividades e compromissos, sem questionar se tais atividades estão alinhadas com seus objetivos e valores. A reflexão sobre prioridades envolve a avaliação crítica das atividades cotidianas, a fim de identificar aquelas que realmente contribuem para o crescimento pessoal e a realização de metas.

Além disso, a reflexão sobre prioridades pode ajudar as pessoas a estabelecer limites saudáveis em relação ao tempo, aprendendo a dizer "não" a atividades que não agregam valor à sua vida. Ao refletir sobre suas prioridades, as pessoas podem direcionar seu tempo e energia para aquilo que é mais significativo, promovendo um maior senso de realização e satisfação pessoal.

CAPÍTULO 6

O Significado das Ideias e Pensamentos

Explorando o Mundo das Ideias

A capacidade de gerar e explorar ideias é uma das características mais distintivas da mente humana. As ideias são a base de inovações, descobertas e avanços em todas as áreas do conhecimento. Nesta seção, vamos explorar a origem e formação das ideias, bem como a influência das experiências e conhecimentos na geração de novas ideias.

Origem e Formação das Ideias

As ideias têm origens diversas e podem surgir a partir de diferentes fontes. Muitas vezes, as ideias nascem da observação e reflexão sobre o mundo ao nosso redor. Elas também podem ser fruto da imaginação e criatividade, emergindo de um processo interno de associação de conceitos e imagens. Além disso, as ideias podem ser influenciadas por fatores culturais, sociais e históricos, refletindo as experiências coletivas de uma sociedade ou grupo.

A formação das ideias envolve um complexo processo mental que combina percepção, cognição e emoção. A mente humana é capaz de conectar informações aparentemente desconexas e gerar novas perspectivas e soluções. A interação entre diferentes áreas do cérebro desempenha um papel fundamental na formação e desenvolvimento das ideias, permitindo a combinação de conhecimentos prévios com novas experiências e insights.

Influência das Experiências e Conhecimentos

Nossas experiências e conhecimentos acumulados desempenham um papel crucial na geração de ideias. Cada nova experiência vivenciada, seja ela positiva ou negativa, pode contribuir para a formação de novas ideias. Da mesma forma, o conhecimento adquirido ao longo da vida fornece um repertório de informações e referências que alimentam o processo criativo.

A influência das experiências e conhecimentos na geração de ideias pode ser observada em diversas áreas, como nas artes, ciências, tecnologia e filosofia. Por exemplo, um artista pode ser inspirado por suas vivências pessoais, enquanto um cientista pode desenvolver teorias inovadoras a partir de experimentos e observações. Em ambos os casos, a interação entre experiências e conhecimentos é essencial para a criação e desenvolvimento de novas ideias.

CAPÍTULO 7

A Verdade e a Expressão

Compreendendo a Natureza da Verdade

A busca pela compreensão da verdade é um dos aspectos mais fundamentais da existência humana. A verdade pode ser vista de duas perspectivas distintas: a verdade pessoal e a verdade objetiva.

Verdade Pessoal e Verdade Objetiva

A verdade pessoal refere-se à percepção individual da realidade. Cada pessoa tem sua própria interpretação dos eventos, baseada em suas experiências, crenças e valores. Essa verdade é subjetiva e pode variar de pessoa para pessoa.

Por outro lado, a verdade objetiva busca representar a realidade de forma imparcial e independente das opiniões individuais. Ela é baseada em fatos verificáveis e é comum em áreas como ciência, matemática e história.

A Busca pela Autenticidade

A busca pela autenticidade envolve a sincera expressão da verdade pessoal, alinhada com os valores e crenças de cada indivíduo. É um processo de autoconhecimento e aceitação, que visa viver de acordo com a própria verdade, sem máscaras ou falsas representações.

Além disso, a busca pela autenticidade também se estende à interação com os outros, buscando relações baseadas na honestidade e transparência, onde a expressão da verdade pessoal é valorizada e respeitada.

CAPÍTULO 8
A Autocrítica e o Desenvolvimento Pessoal
O Papel da Autocrítica na Evolução Pessoal

A autocrítica desempenha um papel fundamental no processo de evolução pessoal. Ao olharmos para nós mesmos de forma crítica e reflexiva, somos capazes de identificar áreas de melhoria e crescimento. A autoavaliação sincera nos permite reconhecer nossos pontos fortes e fracos, proporcionando uma base sólida para o desenvolvimento pessoal contínuo.

Autoconhecimento e Autoavaliação

O primeiro passo para a autocrítica construtiva é o desenvolvimento do autoconhecimento. Isso envolve uma profunda exploração de nossa própria identidade, valores, crenças e comportamentos. Ao nos conhecermos melhor, somos capazes de avaliar nossas ações e decisões de forma mais objetiva, reconhecendo padrões de comportamento e pensamento que podem estar nos limitando.

A autoavaliação é o processo pelo qual analisamos nossas ações, comportamentos e resultados. Isso nos permite identificar áreas em que estamos progredindo e onde precisamos melhorar. A autoavaliação honesta e imparcial é essencial para o crescimento pessoal, pois nos ajuda a estabelecer metas realistas e a desenvolver estratégias para alcançá-las.

Aprendizado com Erros e Fracassos

Os erros e fracassos fazem parte da jornada de evolução pessoal. Através da autocrítica, somos capazes de aprender com essas experiências desafiadoras. Em vez de nos envergonharmos ou nos culparmos por nossos erros, podemos usá-los como oportunidades de aprendizado. A reflexão sobre nossos fracassos nos permite identificar as causas subjacentes e desenvolver estratégias para lidar com situações semelhantes no futuro.

Além disso, a autocrítica nos ajuda a cultivar a resiliência emocional. Ao reconhecer nossas falhas e lidar com elas de forma construtiva, fortalecemos nossa capacidade de enfrentar desafios e adversidades.

Através desse processo, transformamos nossos erros em oportunidades de crescimento e desenvolvimento pessoal.

CAPÍTULO 9

A Busca Interior

Explorando o Mundo Interior

A busca interior é um processo profundo de autoconhecimento e compreensão de si mesmo. Envolve a exploração dos pensamentos, emoções, valores e crenças que moldam nossa identidade e influenciam nossas ações. Neste capítulo, vamos nos aprofundar na importância da conexão consigo mesmo e na prática da reflexão e autoanálise.

Conexão Consigo Mesmo

A conexão consigo mesmo é o ato de estabelecer um relacionamento saudável e consciente com a própria pessoa. Isso envolve a aceitação de quem somos, com todas as nossas qualidades e imperfeições, e o cultivo de uma atitude de autocompaixão. Ao nos conectarmos conosco, desenvolvemos uma base sólida para lidar com os desafios da vida e buscamos alinhar nossas ações com nossos valores mais profundos.

Para fortalecer a conexão consigo mesmo, é fundamental reservar tempo para a introspecção e o autoquestionamento. A prática da meditação, do mindfulness e do diálogo interno positivo pode ser especialmente útil para nutrir essa conexão e promover o equilíbrio emocional.

Reflexão e Autoanálise

A reflexão e a autoanálise são ferramentas poderosas para a busca interior. Através da reflexão, somos capazes de revisitar experiências passadas, identificar padrões de comportamento e compreender as motivações por trás de nossas ações. A autoanálise, por sua vez, nos permite examinar nossas emoções, pensamentos e reações de forma objetiva, buscando insights que possam promover o crescimento pessoal.

É importante ressaltar que a reflexão e a autoanálise devem ser realizadas com compaixão e sem julgamentos excessivos. O objetivo não é encontrar falhas, mas sim compreender a complexidade de nossa própria natureza e buscar caminhos para o desenvolvimento e a evolução.

Em resumo, a busca interior é um processo contínuo que nos convida a mergulhar nas profundezas de nossa própria existência, buscando compreender quem somos e como podemos viver de forma mais autêntica e significativa.

CAPÍTULO 10

O Equilíbrio entre Criticar e Melhorar-se
A Importância da Autocrítica Construtiva

A autocrítica construtiva desempenha um papel fundamental no processo de crescimento pessoal e evolução. Ao reconhecer nossos pontos fortes e fracos, somos capazes de direcionar nossos esforços para implementar mudanças positivas em nossas vidas.

Reconhecimento de Pontos Fortes e Fracos

O primeiro passo para alcançar o equilíbrio entre criticar e melhorar-se é desenvolver a capacidade de reconhecer nossos pontos fortes e fracos de forma objetiva. Isso requer uma profunda autoavaliação e um olhar crítico para identificar áreas em que estamos excelentes, bem como aquelas em que precisamos melhorar.

Ao reconhecer nossos pontos fortes, podemos fortalecê-los ainda mais, aproveitando essas habilidades e qualidades para alcançar nossos objetivos. Por outro lado, ao identificar nossos pontos fracos, podemos direcionar nossos esforços para desenvolver essas áreas, buscando o aprimoramento contínuo.

Implementação de Mudanças Positivas

Após identificar nossos pontos fortes e fracos, o próximo passo é implementar mudanças positivas em nossa vida. Isso envolve a criação de um plano de ação para desenvolver nossas áreas de melhoria, bem como a utilização de nossos pontos fortes de maneira eficaz.

É importante estabelecer metas realistas e mensuráveis para acompanhar nosso progresso. Ao implementar mudanças positivas, estamos constantemente buscando o equilíbrio entre reconhecer nossas limitações e potencializar nossas habilidades, promovendo assim um crescimento pessoal significativo.

Em resumo, a autocrítica construtiva nos permite encontrar o equilíbrio entre reconhecer nossas capacidades e limitações, e agir de forma proativa para promover mudanças positivas em nossa vida. Esse processo contínuo de autorreflexão e aprimoramento é essencial para alcançar nosso pleno potencial e evoluir como indivíduos.

CAPÍTULO 11
A Compreensão da Vida Passageira
Reflexão sobre a Efemeridade da Vida

A vida é efêmera, passageira, fugaz. Nascemos, crescemos, vivemos nossas experiências e, eventualmente, partimos. Essa constante transitoriedade da existência humana nos leva a refletir sobre o valor do tempo e das experiências que vivenciamos.

Valorização do Tempo e das Experiências

A efemeridade da vida nos leva a valorizar cada momento, cada instante que temos a oportunidade de vivenciar. Cada segundo se torna precioso, e a consciência da finitude da existência nos impulsiona a buscar significado em cada ação, em cada encontro, em cada aprendizado.

Quando compreendemos que o tempo é um recurso limitado, passamos a dar mais importância às experiências que nos enriquecem, que nos trazem alegria, que nos desafiam e nos fazem crescer. A valorização do tempo e das experiências nos leva a buscar uma vida mais plena, mais autêntica, mais significativa.

Impacto na Busca por Significado

A efemeridade da vida também impacta diretamente na busca por significado. Quando reconhecemos que a vida é passageira, somos levados a questionar qual o propósito de nossa existência, qual o legado que desejamos deixar, qual o impacto que queremos causar no mundo.

Essa reflexão nos leva a buscar um sentido mais profundo para nossas ações, a nos conectar com aquilo que verdadeiramente nos realiza, a nos dedicar a causas que transcendem nossa própria existência. A compreensão da vida passageira nos impulsiona a buscar significado em cada ato, em cada relacionamento, em cada contribuição que podemos oferecer ao mundo.

CAPÍTULO 12
A Valorização do Tempo e das Atividades Significativas
A Importância de Priorizar Atividades Significativas

A vida moderna muitas vezes nos coloca diante de inúmeras demandas e compromissos, tornando essencial a habilidade de priorizar atividades que realmente agregam valor ao nosso dia a dia. Identificar e dedicar tempo para atividades significativas pode trazer um impacto positivo em nossa qualidade de vida e bem-estar emocional.

Identificação de Atividades que Agregam Valor

O primeiro passo para priorizar atividades significativas é identificar quais são aquelas que verdadeiramente agregam valor à nossa vida. Isso pode envolver uma reflexão profunda sobre nossos valores, interesses e metas pessoais. Atividades que estejam alinhadas com nossos propósitos e que tragam satisfação genuína tendem a ser as mais significativas.

Além disso, é importante considerar o impacto das atividades no longo prazo. Atividades que contribuem para o nosso crescimento pessoal, bem como para o fortalecimento de nossos relacionamentos e comunidade, geralmente são aquelas que merecem nossa atenção prioritária.

Eliminação de Atividades sem Propósito

Uma vez que tenhamos identificado as atividades que verdadeiramente agregam valor, é crucial também reconhecer e eliminar aquelas que não contribuem positivamente para nossa vida. Muitas vezes, nos vemos envolvidos em compromissos e tarefas que consomem nosso tempo e energia sem trazer benefícios significativos.

A prática de eliminar atividades sem propósito pode envolver dizer "não" a demandas desnecessárias, desapegar-se de obrigações que já não condizem com nossos valores e estabelecer limites saudáveis em relação ao uso do tempo. Ao liberar espaço em nossa agenda para o que realmente importa, abrimos caminho para uma vida mais significativa e satisfatória.

CAPÍTULO 13

O Significado e Estrutura das Ideias

Explorando o Significado das Ideias

As ideias são a base do pensamento humano e desempenham um papel fundamental na formação de nossas crenças, valores e ações. Ao explorar o significado das ideias, é essencial realizar uma análise profunda da profundidade e do impacto que elas têm em nossas vidas.

Análise da Profundidade e Impacto das Ideias

A profundidade de uma ideia pode ser medida pela sua capacidade de influenciar e provocar reflexões significativas. Ideias profundas têm o poder de desafiar as normas estabelecidas, questionar paradigmas e inspirar mudanças transformadoras. O impacto das ideias está diretamente relacionado à sua capacidade de gerar ação e promover evolução, tanto a nível individual quanto coletivo.

Além disso, as ideias podem ter impactos duradouros, moldando culturas, sociedades e até mesmo o curso da história. Ao longo dos séculos, ideias revolucionárias têm sido responsáveis por avanços significativos em diversas áreas, desde a ciência e tecnologia até a política e filosofia.

Relação entre Ideias e Experiências Pessoais

Nossas experiências pessoais desempenham um papel crucial na formação e interpretação de ideias. A maneira como vivenciamos o mundo, nossas interações sociais, educação, valores familiares e culturais, tudo isso influencia a maneira como percebemos e assimilamos novas ideias.

Além disso, nossas experiências moldam a forma como expressamos nossas ideias, seja por meio da arte, da escrita, da comunicação verbal ou de outras formas de expressão. A interação entre ideias e experiências pessoais é um processo dinâmico e contínuo, que enriquece nossa compreensão do mundo e de nós mesmos.

CAPÍTULO 14

A Expressão da Verdade e a Distância dela
A Dificuldade na Expressão da Verdade

Expressar a verdade nem sempre é uma tarefa fácil. Muitas vezes, nos deparamos com barreiras que dificultam a comunicação autêntica. Essas barreiras podem surgir devido a uma série de fatores, incluindo medo de julgamento, receio de magoar alguém, ou até mesmo por falta de clareza sobre nossos próprios sentimentos e pensamentos.

Quando nos encontramos diante dessas barreiras, é importante buscar compreender as raízes dessas dificuldades. A autoanálise e a reflexão sobre nossos padrões de comunicação podem nos ajudar a identificar os obstáculos que enfrentamos ao expressar a verdade de forma autêntica.

Barreiras para a Comunicação Autêntica

As barreiras para a comunicação autêntica podem se manifestar de diversas formas. O medo de ser mal interpretado, a preocupação com a reação do interlocutor, ou a falta de confiança em nossa própria capacidade de expressão são apenas alguns exemplos dessas barreiras.

Além disso, experiências passadas de rejeição ou incompreensão podem criar bloqueios emocionais que dificultam a expressão genuína de nossos pensamentos e sentimentos. É fundamental reconhecer essas barreiras e buscar formas de superá-las para estabelecer uma comunicação mais autêntica e verdadeira.

Impacto da Distância da Verdade nas Relações

A distância da verdade nas relações interpessoais pode gerar consequências significativas. Quando não nos expressamos de forma autêntica, corremos o risco de criar um distanciamento emocional com as pessoas ao nosso redor. A falta de transparência e honestidade pode minar a confiança e a intimidade nas relações, levando a mal-entendidos e conflitos.

Além disso, a distância da verdade também pode impactar a nossa própria autoestima e bem-estar emocional. Ao reprimir nossos sentimentos e pensamentos genuínos, podemos gerar um conflito interno que afeta nossa saúde mental e emocional.

CAPÍTULO 15

Aprimoramento Pessoal e Crítica aos Outros

O Papel da Autocrítica na Busca pelo Aprimoramento

A autocrítica desempenha um papel fundamental no processo de aprimoramento pessoal. Ao refletir sobre nossos pontos a serem aprimorados, somos capazes de identificar áreas de melhoria e desenvolvimento. A autocrítica nos permite olhar para dentro, reconhecer nossas fraquezas e desafios, e nos motiva a buscar maneiras de crescer e evoluir.

Reflexão sobre Pontos a Serem Aprimorados

Refletir sobre pontos a serem aprimorados é um exercício de autoconhecimento e autoavaliação. Ao analisar nossas ações, comportamentos e atitudes, somos capazes de identificar padrões e áreas que necessitam de atenção. A reflexão nos permite enxergar nossas falhas de forma objetiva, sem julgamentos, e nos dá a oportunidade de buscar soluções e mudanças positivas.

É importante ressaltar que a reflexão sobre pontos a serem aprimorados não deve ser um exercício de autocrítica destrutiva, mas sim uma análise construtiva e compassiva. Ao reconhecer nossas imperfeições, estamos abrindo espaço para o crescimento e a evolução pessoal.

Implementação de Mudanças a Partir da Autocrítica

Após identificar os pontos a serem aprimorados, a implementação de mudanças se torna o próximo passo crucial no processo de aprimoramento pessoal. É necessário agir de forma proativa para transformar a autocrítica em ações concretas e positivas. Isso pode envolver a busca por novos conhecimentos, a prática de novos comportamentos, ou a adoção de novas atitudes diante das situações do dia a dia.

Implementar mudanças a partir da autocrítica requer comprometimento e persistência. É um processo contínuo de aprendizado e adaptação, no qual estamos constantemente buscando nos tornar versões melhores de nós mesmos. A autocrítica, quando combinada com a ação, se torna uma ferramenta poderosa para o aprimoramento pessoal e o desenvolvimento de uma mentalidade de crescimento.

CAPÍTULO 16

A Resposta Interior para as Necessidades

A Conexão entre Necessidades Internas e Bem-Estar

A satisfação das necessidades internas desempenha um papel fundamental no bem-estar emocional e psicológico de um indivíduo. A compreensão e identificação dessas necessidades são essenciais para promover um estado de equilíbrio e contentamento interior.

Identificação das Necessidades Internas

Identificar as necessidades internas envolve um processo de autoconhecimento profundo. Muitas vezes, essas necessidades estão enraizadas em experiências passadas, valores pessoais e aspirações individuais. Ao refletir sobre as próprias motivações e desejos, é possível identificar as necessidades que impulsionam as ações e emoções de uma pessoa.

Além disso, as necessidades internas podem variar de pessoa para pessoa, e é importante reconhecer que essas necessidades podem evoluir ao longo do tempo. A autoconsciência e a prática da atenção plena podem ser ferramentas valiosas para identificar e compreender essas necessidades em constante mudança.

Impacto do Atendimento das Necessidades no Bem-Estar

O atendimento adequado das necessidades internas tem um impacto significativo no bem-estar geral de um indivíduo. Quando as necessidades são reconhecidas e satisfeitas, isso pode resultar em um aumento da sensação de plenitude, contentamento e harmonia interior.

Por outro lado, a negligência das necessidades internas pode levar a sentimentos de descontentamento, ansiedade e desequilíbrio emocional. É crucial compreender que a busca pelo atendimento das necessidades internas não é um ato egoísta, mas sim uma parte essencial do cuidado pessoal e do desenvolvimento emocional saudável.

Em resumo, a conexão entre as necessidades internas e o bem-estar é um aspecto fundamental da jornada de autodescoberta e crescimento pessoal. Ao reconhecer e atender às necessidades internas, um indivíduo pode cultivar um estado de equilíbrio e satisfação que contribui para uma vida mais plena e significativa.

CAPÍTULO 17

A Essência Além dos Desejos Individuais

Transcendendo os Desejos Individuais

A transcendência dos desejos individuais é um processo profundo que envolve a compreensão da essência interior. Quando buscamos ir além dos nossos desejos pessoais, estamos nos voltando para a essência mais pura e verdadeira que habita em cada um de nós. Essa jornada de transcendência tem um impacto significativo na evolução pessoal, levando-nos a um estado de maior consciência e realização.

Compreensão da Essência Interior

A compreensão da essência interior é essencial para a transcendência dos desejos individuais. Muitas vezes, estamos tão imersos em nossos desejos e necessidades superficiais que perdemos de vista a verdadeira natureza do nosso ser. Ao buscar compreender a essência interior, somos levados a uma jornada de autoconhecimento e autoconsciência. Isso envolve a exploração das camadas mais profundas da nossa identidade, além das máscaras e papéis que desempenhamos no mundo exterior.

A essência interior é a fonte de nossa autenticidade e singularidade. É onde residem nossos valores mais profundos, nossas aspirações mais genuínas e nossa conexão com algo maior do que nós mesmos. Ao compreender e reconhecer essa essência, somos capazes de transcender os desejos meramente individuais e nos alinhar com um propósito mais elevado, que está em sintonia com nossa verdadeira natureza.

Impacto da Transcendência dos Desejos na Evolução Pessoal

A transcendência dos desejos individuais tem um impacto profundo e transformador na evolução pessoal. Ao nos libertarmos das amarras dos desejos puramente materiais e egocêntricos, abrimos espaço para o florescimento de aspectos mais nobres e altruístas de nossa natureza. Isso nos permite viver de acordo com princípios mais elevados e contribuir de forma mais significativa para o bem-estar coletivo.

Além disso, a transcendência dos desejos individuais nos leva a um estado de maior equilíbrio e harmonia interior. Ao não sermos mais escravos de impulsos e anseios passageiros, encontramos uma serenidade que permeia todas as áreas de nossa vida. Isso nos capacita a tomar decisões mais conscientes e alinhadas com nossa essência, resultando em uma sensação de plenitude e propósito.

Em suma, a transcendência dos desejos individuais nos conduz a uma jornada de crescimento espiritual e evolução pessoal, permitindo-nos viver de acordo com nossa verdadeira essência e contribuir de maneira significativa para o mundo ao nosso redor.

CAPÍTULO 18
O Abandono do que Causa Danos
Identificação do que Causa Danos

Ao longo de nossas vidas, nos deparamos com diversos elementos que podem causar danos, sejam eles físicos, emocionais ou psicológicos. A capacidade de identificar esses elementos danosos é crucial para o nosso bem-estar e desenvolvimento pessoal. Nesta seção, vamos explorar a importância do reconhecimento dos elementos que causam danos e refletir sobre os efeitos negativos que podem surgir.

Reconhecimento dos Elementos Danosos

Reconhecer os elementos danosos ao nosso redor exige um olhar atento e uma análise criteriosa das situações em que estamos inseridos. Esses elementos podem se manifestar de diversas formas, desde relacionamentos tóxicos até hábitos prejudiciais à nossa saúde. É fundamental estar consciente das influências negativas que nos cercam, a fim de promover um ambiente mais saudável e propício ao nosso crescimento.

Além disso, a identificação dos elementos danosos também requer autoconhecimento e autocrítica. Muitas vezes, somos responsáveis por manter em nossas vidas aquilo que nos prejudica, seja por comodismo, medo ou falta de consciência. Portanto, é essencial desenvolver a capacidade de avaliar nossas escolhas e reconhecer quando determinadas situações ou comportamentos estão nos causando danos.

Reflexão sobre os Efeitos Negativos

Uma vez identificados os elementos danosos, é importante refletir sobre os efeitos negativos que eles podem gerar em nossas vidas. Esses efeitos podem se manifestar de diferentes maneiras, afetando nossa saúde física, emocional e mental. Relacionamentos tóxicos, por exemplo, podem minar nossa autoestima e gerar um constante estado de estresse e ansiedade.

Além disso, hábitos prejudiciais, como o consumo excessivo de substâncias nocivas ou a negligência com a saúde, podem comprometer nossa qualidade de vida e limitar nosso potencial de crescimento. Ao refletir sobre os efeitos negativos dos elementos danosos, somos capazes de compreender a urgência de abandoná-los e buscar alternativas mais saudáveis e construtivas.

CAPÍTULO 19
As Vantagens do Crescimento Pessoal
Benefícios do Crescimento Pessoal

O crescimento pessoal traz consigo uma série de benefícios que impactam diretamente a vida de um indivíduo. Ao buscar o desenvolvimento pessoal, é possível experimentar melhorias significativas em diferentes aspectos. Neste capítulo, exploraremos duas vantagens fundamentais do crescimento pessoal: a melhoria da qualidade de vida e o desenvolvimento de habilidades e competências.

Melhoria da Qualidade de Vida

Um dos principais benefícios do crescimento pessoal é a melhoria da qualidade de vida. Ao se comprometer com o próprio desenvolvimento, a pessoa passa a adotar práticas e hábitos que promovem o bem-estar em diversos aspectos. Isso inclui a atenção à saúde física, mental e emocional, a busca por relações interpessoais saudáveis e a valorização do tempo e das experiências significativas.

O crescimento pessoal também está associado à capacidade de lidar com desafios e adversidades de forma mais eficaz, promovendo uma sensação de equilíbrio e satisfação. A busca por autoconhecimento e aprimoramento contínuo contribuem para a construção de uma vida mais plena e significativa.

Além disso, a melhoria da qualidade de vida resultante do crescimento pessoal se reflete em uma maior resiliência diante das dificuldades, na capacidade de estabelecer e alcançar metas pessoais e profissionais, e na promoção de um ambiente propício ao florescimento individual e coletivo.

Desenvolvimento de Habilidades e Competências

O crescimento pessoal também está intrinsecamente ligado ao desenvolvimento de habilidades e competências. Ao buscar o aprimoramento pessoal, indivíduos se dedicam a adquirir novos conhecimentos, a aperfeiçoar suas habilidades existentes e a desenvolver competências que são essenciais para o seu progresso e sucesso.

Essas habilidades e competências podem abranger uma ampla gama de áreas, incluindo habilidades interpessoais, habilidades de comunicação, habilidades de liderança, competências técnicas e habilidades cognitivas. O desenvolvimento contínuo dessas capacidades não apenas beneficia o indivíduo em sua vida pessoal, mas também pode impactar positivamente sua carreira e contribuir para o seu crescimento profissional.

Além disso, o desenvolvimento de habilidades e competências por meio do crescimento pessoal possibilita a adaptação a novos desafios e oportunidades, a ampliação das perspectivas e a capacidade de inovar e criar soluções para problemas complexos.

CAPÍTULO 20

Conclusão: Considerações Finais

Ao chegarmos ao final desta jornada de exploração da crítica e sua influência na evolução pessoal, é importante refletir sobre os conceitos chave que foram abordados e como podemos aplicá-los de forma prática em nossa vida diária.

Reflexão sobre a Jornada

Antes de nos aprofundarmos na aplicação prática dos conceitos, é fundamental fazer uma revisão dos principais pontos discutidos ao longo deste livro didático. A natureza da crítica, suas diferentes formas e impactos, a importância da autoconsciência, o poder da renúncia, a valorização do tempo, o significado das ideias e pensamentos, a busca pela verdade e expressão autêntica, a autocrítica e o desenvolvimento pessoal, a busca interior, o equilíbrio entre criticar e melhorar-se, a compreensão da vida passageira, a valorização do tempo e das atividades significativas, o significado e estrutura das ideias, a expressão da verdade e a distância dela, o aprimoramento pessoal e a crítica aos outros, a resposta interior para as necessidades, a essência além dos desejos individuais, o abandono do que causa danos e as vantagens do crescimento pessoal foram temas centrais que nos desafiaram a repensar nossas atitudes e comportamentos.

Revisão dos Conceitos Chave

É essencial relembrar a importância da crítica construtiva, do impacto da crítica na evolução pessoal, da autoconsciência como ferramenta de desenvolvimento, do poder transformador da renúncia, da valorização do tempo como recurso precioso, da influência das ideias e pensamentos em nossa vida, da busca pela verdade e expressão autêntica, do papel da autocrítica no crescimento pessoal, da busca interior como caminho para o autoconhecimento, do equilíbrio entre criticar e melhorar-se, da compreensão da efemeridade da vida, da importância de priorizar atividades significativas, da expressão da verdade e do aprimoramento pessoal como caminho para o desenvolvimento.

Aplicação Prática na Vida Diária

Após revisitar os conceitos fundamentais, é hora de considerar como podemos aplicar essas ideias em nossa vida cotidiana. A crítica construtiva pode ser uma ferramenta poderosa para o aprimoramento pessoal e profissional, desde que seja realizada com empatia e respeito mútuo. A autoconsciência nos permite reconhecer nossas fraquezas e fortalezas, contribuindo para uma tomada de decisão mais consciente e um autogerenciamento mais eficaz. A renúncia, ao nos libertar de apegos e condicionamentos, nos conduz a uma maior liberdade interior e paz de espírito. A valorização do tempo nos lembra da importância de priorizar atividades que realmente agregam valor à nossa vida, evitando a dispersão e o desperdício de energia. A expressão autêntica da verdade nos permite construir relacionamentos mais genuínos e significativos, promovendo uma comunicação mais honesta e transparente.

Chamo-me Emerson Calejon, sou formado em Administração de Empresas, realizo pesquisas e sou autodidata em filosofia clássica e contemporânea. Sou estudante da espiritualidade e ciências humanas, possuo pós-graduação em psicologia existencial e psicanálise e tenho grande apreço pela escrita.

Publiquei um livro intitulado "Um olhar de misericórdia" voltado para a espiritualidade. Atualmente, estou lançando a história de "John River — O último desafio".

O que mais me traz felicidade é saber que sempre teremos novos desafios para enfrentarmos e continuarmos avançando em direção ao nosso progresso.

Agradeço!

"Ainda que eu falasse a língua dos Anjos e dos Homens, sem Amor, eu nada seria."

"Que Deus esteja com Todos."

Editora Home
2024

São Paulo
2024

Don't miss out!

Visit the website below and you can sign up to receive emails whenever Emerson Calejon publishes a new book. There's no charge and no obligation.

https://books2read.com/r/B-A-MZIIB-ETKID

BOOKS 2 READ

Connecting independent readers to independent writers.